AF370941

MEMOIRE au sujet de l'Habillement des Troupes, que S. A. R. a Ordonné d'envoyer à chaque Regiment avec ordre de s'y conformer.

L'AUGMENTATION des Especes ayant fait hausser le prix des Etoffes, Ensorte que les Capitaines ne pourroient habiller cette année leurs Compagnies qu'avec une dépense plus grande que celle des années precedentes, à quoy S. A. R. ayant voulu pourvoir, Elle a chargé la Compagnie des Indes de fournir les Etoffes necessaires pour l'habillement des Troupes, dont le prix sera reglé pour les Capitaines, à peu prés sur le pied qu'elles valoient avant l'augmentation des Especes, sauf à S. A. R. à faire dedommager la Compagnie de l'excedent du prix des Marchandises, au-delà de celuy qui aura esté reglé pour estre payé par les Capitaines.

En conformité de cet ordre, on est convenu avec la Compagnie de ce qui suit.

Qu'elle fournira dans le courant de l'hyver toutes les Etoffes pour les habits qu'on luy demandera, tant pour les Soldats, Cavaliers & Dragons, que pour les habits uniformes des Officiers.

Ces Etoffes consisteront pour l'Infanterie, en Draps de Lodeve pour le dessus des Juste-au-corps & pour les paremens & la doublure, l'Etoffe pour le dessus des Vestes & pour les Culottes.

Pour la Cavalerie, en Draps de Lodeve pour le dessus du Juste-au-corps, les paremens, les manteaux, les housses & les

A

bourſes, & la doublure pour les Juſte-au-corps. Pour les Dragons la meſme choſe, augmentant ſeulement le deſſus pour les veſtes.

L'on commencera à fournir les Etoffes à la fin d'Octobre, & en Novembre pour les Regimens qui preſſent le plus d'habiller.

Les Regimens qui voudront habiller cet hyver, ou le printemps prochain, ſoit en entier ou partie, envoyeront un Eſtat du nombre d'hommes qu'ils veulent habiller, la quantité de Draps qu'ils demandent, de doublure, d'Etoffes pour les Veſtes & Culottes, & marqueront le temps qu'ils comptent de faire leur habillement.

Ils envoyeront dans leurs Memoires des Echantillons de chaque Etoffe qui entrent dans leurs habillemens, pour en connoître les couleurs, & marqueront ſur chacun ſi c'eſt le deſſus du juſte-au-corps, doublures, veſtes ou paremens.

Lorſqu'on aura raſſemblé tous les Memoires avec les Echantillons, on dreſſera un Eſtat en gros de la quantité d'Etoffes qu'il faudra de chaque eſpece & des differentes couleurs pour toutes les Troupes, lequel ſera remis au Directeur qui ſera Commis de la part de la Compagnie pour faire faire cette fourniture ; Et lorſque les Départemens des Troupes ſeront faits pour l'hyver prochain, on marquera la quantité de ces Etoffes qui ſera miſe en chaque endroit.

L'on eſt convenu avec la Compagnie que les Etoffes ſe diſtribueroient en trois endroits ; Sçavoir, à Montpellier pour tout ce qui eſt en Rouſſillon, Guyenne, Languedoc & Provence ; à Lyon pour toutes celles qui ſont dans les Provinces à portée, comme Dauphiné, Comté, Alſace, Auvergne, Bourbonnois & quelques autres, Et à Paris pour tout ce qui eſt en Flandres, la Meuſe, Evêchez & autres Provinces voiſines.

La Compagnie ne ſe chargera pas de fournir en détail chaque Regiment, mais lorſque les Eſtats ſeront faits du nombre des Regimens qui prendront leurs Etoffes dans chacun de ces lieux, on marquera à la Compagnie la quantité des differentes Etoffes qu'il faudra remettre dans chaque lieu, dans leſquels il ſera envoyé un Commiſſaire des Guerres, lequel aura l'Eſtat du nombre de Regimens qui y prendront leurs

Etoffes, & de la quantité qui doit eſtre fournie à chacun.

A meſure que les Etoffes arriveront dans ces endroits, on avertira les Regimens du temps qu'il faudra qu'ils faſſent partir leurs Officiers pour les aller prendre, leſquels s'adreſſeront au Commiſſaire qui leur fera fournir la quantité qu'ils auront demandée par leur Eſtat, lequel retirera un reçeû de ces Officiers; afin de faire retenir à chaque Regiment la ſomme à laquelle pourra monter la quantité d'Etoffes qui luy aura eſté fournie, & ce ſuivant le prix qui ſera reglé.

Quant au Commiſſaire des Guerres, il donnera un reçeû à celuy qui luy aura livré toutes les Etoffes de la part de la Compagnie, marquant la quantité de chaque eſpece d'Etoffes, & des differentes couleurs qu'il aura reçeûës.

A meſure que l'on livrera les Etoffes à un Regiment, on fera plomber les Balots, Et les Regimens feront ſeulement chargez de ſe pourvoir des voitures neceſſaires pour les faire tranſporter à leurs Regimens.

Les Regimens qui n'ont point de Tentes pour les Cavaliers, Soldats ou Dragons, ou ceux à qui il en manque une partie, mettront ſur leur Eſtat la quantité dont ils ont beſoin, & on leur fera delivrer la Toile neceſſaire pour cela. S. A. R. voulant que tous les Regimens, de quelque nation qu'ils ſoient, ſoit Cavalerie, Infanterie, Dragons ou Gendarmerie, ayent au printemps prochain toutes leurs Tentes.

Elle a eſté informée auſſi que quelques Regimens ſe ſont defaits de leurs marmittes, Elle Ordonne aux Commandans des Corps de les faire remplacer, & aux Majors d'y tenir la main. FAIT à Paris le vingt-quatriéme jour d'Aouſt mil ſept cens vingt.

A PARIS,

DE L'IMPRIMERIE ROYALE.

M. DCCXX.

personnes q[ui]

fui les van[...]

Monsieur

ordonné e[t]

Estats, nen[...]

pour être

de Louuer

agremen[t]

sa majesté

mande et

Lieutenant

De par le Roy.

Sa majesté estant informée que par
raport à la nomination des deputez des Estats
d'Artois il se commet certains abus qu'il est
à propos de prévenir, et que d'ailleurs il est
des regles, que les commissaires connoissent
quelques jours avant l'assemblée, les
personnes qui ont dessein de se mettre
sur les rangs, sa majesté et de
Monsieur le duc d'Orleans regent, a
ordonné et ordonne, qu'aucun desdits
Estats, ne puisse se mettre sur les rangs
pour estre nommé deputé, que le jour
de l'ouverture desd. Estats, et aura
l'agrement du commissaire nommé par
sa majesté sous les deux en son nom; mande et ordonne au gouverneur et
lieutenant general dans lad. province

et que l'Intendant de Justice, police &
finances audit pays tiendra la main
a l'exécution de la presente ordonnance.
fait a Paris le dixneuf iesme jour d'aoust
1720 signé Louis et plus bas par le Roy
Delavrilliere

Il est ainsy a l'original qui a esté l..
a l'assemblée generalle Le 23. 7bre 1720.
rendu avec Monseigneur Le Duc ..
..bourg frere duquel.

a varis le vingt sixiesme jour d'aoust
20. signé Louis et plus bas ar...
Belyveaux.

Est ainsy i a l'original qui a esté l[eu] a
l'assemblée generalle le 23. 7bre 1720.
veu a s. l. Monseigneur Le Duc [de]
bourg signe d'icquel.

8bre 1720

Louis p
et de N
Salut a
des Car
et arquer
notre vill
rencontre
Sonter
fortiff
plaist au
lorsquele
armée
Sonde
de feu

Louis par la grace de Dieu, Roy de France
et de Navarre, a tous presents et avenir,
Salut, A nos bien aimés les quatre Serments
des Canoniers, arbalestriers, archers
et arquebusiers dit joueurs d'armes de
notre ville de Valenciennes, nous avons fait
remontrer que par leur establissement, ils
Sont tenus de se trouver aux proüez et
fortifications de lad. ville, lorsqu'il
plaist au Gouverneur de l'ordonner, et
lorsque le Service le requiert, et de se rendre
armés Sur leur place d'armes au premier
Son de Cloche, Soit pour les accidens
de feu et pour arrester l'eaux, dans lesquels
leur Secours est necessaire et que d'ailleurs
les d. Serments des Canoniers Sont
obligés de charger et detirer le Canon
Sur les remparts dans les occasions
de necessité et que pour recompense des
Services qu'ils n'ont rendus de tout temps
et qu'ils rendent encore incessament a la

ville de Valenciennes avec tout le zèle et
toute l'ardeur qu'on peut désirer d'eux, il
leur a été accordé par les Roys et Princes
des pays-bas, divers privileges et entr'autres
pour les supprimer desd Serments qui
seroient ennemis d'aucuns des metiers
de la ville, l'exemption et l'affranchissement
de toutes tailles et impositions qui pouvoi[ent]
se lever sur les Corps desd metiers
de l'autorité du Magistrat, la jouissance
pour trois desd Serments des quarante
patars que la ville de Valenciennes leur
donne a chacun par semaine pour leur
Recreations et a quoy ont été Estimées
les deux loth de vin mentionnés dans les
lettres patentes de l'archiduc albert et
de l'archiduchesse isabelle du 30 avril
1614. et pour ceux du Serment des joueurs
d'armes soixante livres parisis monnoye
de hainaut que la ville leur donne
aussi pour le mesme Sujet par chacun

Ville de Valenciennes auec tout le zele
toute l'ardeur qu'on peut desirer d'Eux,
leur a été accordé par les Roy... d'...
des pays bas, diuers priuileges et entr'a...
pour les suppots desd Sermens qui
seroient ennemeteurs d'aucuns des metie...
de la ville, l'exemption et l'affranchiseme...
de toutes tailles et impositions qui pour...
releuer sur les Corps desd metier...
de l'autorité du Magistrat, la jouissanc...
pour trois desd Sermens des quarant...
patars que la ville de Valenciennes le...
donne a chaun par semaine pour leu...
recreations et a quoy ont ete Estimé...
les deux lots de vin mentionnés dans les...
lettres patentes de l'archiduc albert e...
de l'archiduchesse isabelle du 30 auril
1614. et pour ceux desd Sermens desjoueurs

aut. et d'a

avantage.

Libertés

Exprimer

Maintenir

et se re li

due feule

tverhou

mois dej

avanag

privileg

Supérieur

accorder

ensoue g

an et d'autres retributions, Salaires et
avantages, droits, immunités, franchises,
Libertés et privileges, dans lesquels lesd.
Exposans ete particulierement
Maintenus par l'Empereur Charles mains
et ses Successeurs et par Lettres patentes
du feu Roy de glorieuse memoire notre
tres honnoré Seigneur et Bisayeul du
mois de juillet 1687, dans lesquels droits,
avantages, Exemptions, immunités et
privileges les exposans nous ont fait
Supplier de les confirmer et de leur
accorder a cet effet nos Lettres necessaires,
ensorte quel a jouissance leur soit pour
l'avenir d'autant plus assurée. A ces
Causes de l'avis de notre tres cher et tres
tres amé oncle le Duc d'Orleans petit
fils de France Regent de notre
Royaume, de notre tres cher et tres
amé oncle le Duc de Chartres, premier d'une
de notre Sang, de notre tres cher et tres
amé Cousin le Duc de Bourbon, de notre

tres cher et tres amé Cousin le Comte de
Charolois, de notre cher et tres amé
Cousin le Prince de Conty, Princes de notre
Sang, de notre tres cher et tres amé oncle
Le Prince de Toulouse, Prince legitimé et
autres Pairs de France, grands et notables
personages de notre Royaume, voulant
favorablement traitter les quatre Serments
de Canoniers, arbalestriers, archers
et arquebusiers dit joueurs d'armes de
notre ville de Valenciennes et leur donner
des premiers marques de la protection
Dont nous voulons les honnorer et de la
distinction que merite le zele qu'ils ont
fait paroitre en toutes occasions pour le
Service de la d. Ville. Nous avons
de notre grace speciale, pleine puissance et
autorité royale ordonné et par ces
presentes Signées de notre main, ordonnons
voulons et nous plaist que les d. quatre
Serments de Canoniers, arbalestriers,
archers et arquebusiers dit joueurs de

tres cher et tres amé Cousin le Comte d
Charolois, de notre tres cher et tres amé
Cousin le Prince de Conty, Princes de notre
Sang, de notre tres cher et tres amé oncl
Le Prince de Toulouze, Prince legitimé
autres Pairs de France, grands et notable
personages de notre Royaume, voulan
favorablement traitter les quatre Sermen
de Canoniers, arbalestiers, archer
et arquebusiers dijoueurs d'armes de
notre ville de Valenciennes et leur donn
des premieres marques de la protectio
dont nous voulons les honnorer et de la
distinction que merite le zele quils on
fait paroitre en toutes occasions pour le
service de la d. Ville. Nous avons
de notre grace speciale, pleine puissance e
autorité royale ordonné et par ces
presentes Signées de notre main, ordonn

d'armer des

et demeurer

Comme no

a perpetuelle

attribution

Exemption

privileges

accordes et

maintenu.

notre B. de

dont copie e

de notre e

Soient en

Pour en

les Expe

d'armes de notre ville de Valenciennes, soient
et demeurent maintenus et Conservez,
Comme nous les maintenons et Conservons
a perpetuité en tous et chacuns les droits
attributions, franchises immunités
Exemptions, libertés, avantages et
privileges qui leur ont eté cy devant
accordés et dans lesquels ils sont et...
maintenus par Lettres expatentes du feu Roy
nostre Bisayeul du mois de juillet 1687.
dont copie est cy attachée Sous le fournel cel
de notre Chancellerie, encore qu'ils ne
soient en particulierement exprimés.
Vous enjoint demeure et tout ainsy que
les Exposants en ont jouïr ou deu jouïr
jusqu'a present en vertu des Lettres de
Concession et de Confirmation et autres
titres qui leur ont eté a cet effet accordés
lesquels droits, attributions, franchises
immunités, exemptions, libertés avantages
et privileges, nous avons de nouvel...
pouvoir et autorité que dessus approuvé...

autorisés et confirmés et par cesdites
presentes, approuvons, autorisons et
Confirmons, pourvû toutesfois qu'ils n'ay[ent]
eté revoqués par aucuns Edits, declarat[ions]
et arrets, Si Donnons en manda[nt]
a nos amés et feaux Conseillers les gen[s]
tenans notre Cour de parlement a Doua[y]
et autres nos officiers et justiciers qu'il
appartiendra, que ces presentes ils aye[nt]
a e Souverigistrer et du Contenu en
icelles jouir et user les Exposants pleine[ment]
paisiblement et perpetuellement, Cessan[t]
et faisant cesser tous troubles et
empeschemens et nonobstant toutes
Choses a ce contraires, et sans souffri[r]
qu'il y soit contrevenu en quelque sorte
et maniere que ce puisse etre, Car tel
en notre plaisir et afin que ce soit chose
ferme et stable a toujours nous au[ons]
fait mettre notre scel a cesdites
presentes, donné a Paris au mois d[e]
D'octobre l'an de grace 1720. et de notre

autorisés et confirmés et par ces dittes
presentes, approuvons, autorisons et
Confirmons, pourvû toutes fois quils n'ay[ent]
eté revoqués par aucuns Edits, declarat[ions]
et arrets, Et Donnons en mand[ement]
a nos amés et feaux Conseillers les gen[s]
tenants nôtre Cour de parlement a Doua[y]
et autres nos officiers et justiciers quil
appartiendra, que ces Presentes ils ay[ent]
a faire registrer et du Contenu en
icelles jouir et user les Exposants pleine[ment]
paisiblement et perpetuellement, Cessans
et faisans cesser tous troubles et
empeschemens et nonobstant toute[s]
Choses a ce contraires, et Sans souffri[r]
quil y soit contrevenu en quelque sorte
et maniere que ce puisse estre, Car tel
est nôtre plaisir et afin que ce soit chose
ferme et Stable a toujours nous au[ons]

Requete de Six

Par le Roy

present Sign.

D'aguesseau e

à Cour de

Le 29. no.

Scellé du g.

en Parrement

Regne le Six.e Signé Louis, Et plus bas
Par le Roy le Duc d'Orleans Regent
present Signé Phelippeaux et autre bas
Daguesseau et enregistré au greffe de
la Cour de Parlement de Flandres
Le 29. novembre 1720. Signé Duminge...
Scellé du grand Sceau de sa Majesté
en Placarte.